MATHEMATIK ÜBUNGEN

ARBEITSHEFT

von Horst Erdmann
und Peter Kohring

Verlag Moritz Diesterweg
Frankfurt am Main

INHALTSVERZEICHNIS

ISBN 3-425-02978-9

Satz und Reproduktion: Hellinger, Heiligkreuzsteinach
Druck und Binden: Westermann Braunschweig
Illustrationen: Kerstin Tieste, Osnabrück

Zahlbereichserweiterung bis 10 000 (1)

1 Trage in die Tabelle ein!

a)

3T 6H 4Z 3E
7T 8H 7Z 4E
2T 5H 8Z 5E
5T 9H 8Z
3T 7Z 6E
8T 6H 5E

T	H	Z	E

b)

4T 5H 2E
6T 4Z 8E
7T 6H 5E
3T 9Z 7E
9T 7H
5T 3E

T	H	Z	E

2 Wie heißen die Zahlen?

a)
5T 8H 4Z 9E ______
8T 6H 7Z 2E ______
7T 5H 3Z 6E ______
6T 4H 9Z ______
4T 8H 7E ______
3T 8H 4E ______

b)

T	H	Z	E	
5	6	8	7	______
9	3	4	2	______
6	5	0	7	______
4	0	3	8	______
7	9	8	0	______
3	0	0	9	______

3 Wie heißen die Zahlen?

6 000 + 400 + 70 + 3 = ______
5 000 + 700 + 60 + 2 = ______
7 000 + 500 + 90 + 7 = ______
700 + 80 + 9 000 + 4 = ______
600 + 5 + 7 000 + 80 = ______
70 + 600 + 9 + 4 000 = ______

4 Zerlege!

7248 = 7000 + 200 + 40 + 8
6493 = ______
8754 = ______
4078 = ______
6903 = ______
3009 = ______

5 Zähle in Hunderterschritten vorwärts und rückwärts!

3 700, ______, ______, ______, ______, ______, ______, 4 400
2 900, ______, ______, ______, ______, ______, ______, 3 600
5 800, ______, ______, ______, ______, ______, ______, 6 500
4 600, ______, ______, ______, ______, ______, ______, 3 900
6 400, ______, ______, ______, ______, ______, ______, 5 700
8 500, ______, ______, ______, ______, ______, ______, 7 800

6 Zähle in Zehnerschritten vorwärts und rückwärts!

4 870, ______, ______, ______, ______, ______, ______, 4 940
5 960, ______, ______, ______, ______, ______, ______, 6 030
7 640, ______, ______, ______, ______, ______, ______, 7 710
4 350, ______, ______, ______, ______, ______, ______, 4 280
6 720, ______, ______, ______, ______, ______, ______, 6 650
8 130, ______, ______, ______, ______, ______, ______, 8 060

Zahlbereichserweiterung bis 10 000 (2)

1 Ordne der Größe nach!

5 679, 5 697, 5 976, 5 796, 5 967, 5 769 ______

7 035, 7 350, 7 530, 7 053, 7 503, 7 305 ______

6 947, 6 479, 6 749, 6 794, 6 974, 6 497 ______

3 704, 7 304, 4 703, 7 430, 4 307, 3 470 ______

4 986, 9 648, 6 984, 4 689, 9 846, 6 498 ______

2 Nenne die Nachbarzehner!

6 270				
6 274	6 649	5 389	3 008	4 996
6 280				

3 Nenne die Nachbarhunderter!

4 200				
4 253	7 467	2 831	5 943	8 071
4 300				

4 Nenne die Nachbartausender!

4 000				
4 289	6 149	5 472	3 165	4 978
5 000				

5 Nenne Vorgänger und Nachfolger!

2 478				
2 479	4 300	3 999	5 000	7 909
2 480				

6 Wie heißen die Zahlen?

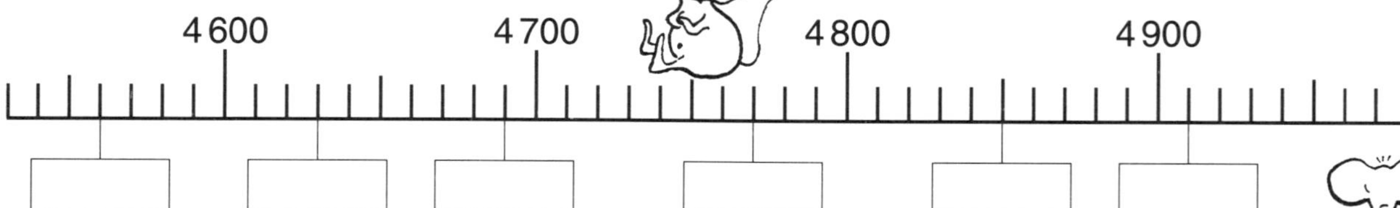

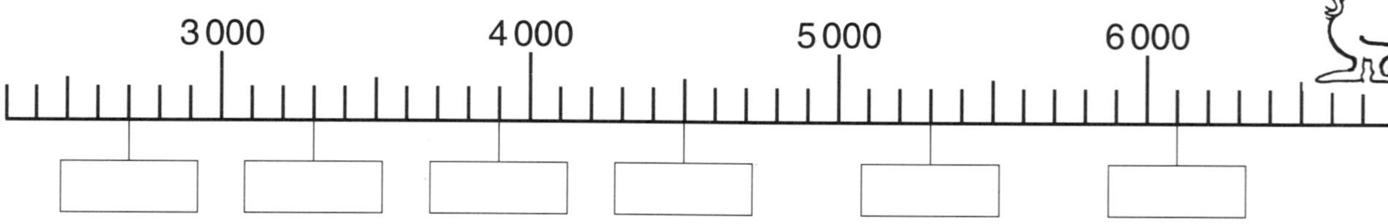

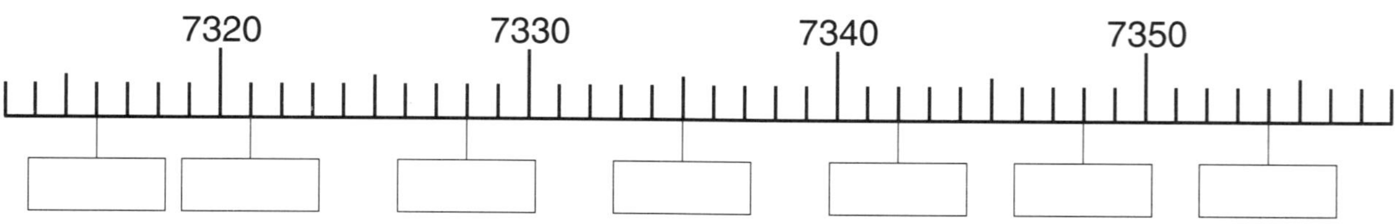

7 Welche Hunderterzahlen liegen

– zwischen 5 700 und 6 400 ______

– zwischen 4 600 und 5 200 ______

– zwischen 3 900 und 4 500 ______

– zwischen 8 800 und 9 300 ______

1

2736	4152	5314	6226	7113	3241	5462
+ 251	+ 643	+ 465	+ 752	+ 675	+ 457	+ 327

2

4681	5827	7584	8795	3967	5676	2695
+ 596	+ 496	+ 768	+ 879	+ 658	+ 548	+ 738

3 Addiere mehrere Zahlen!

2639	3578	675	2348	4168	1628	1781
3571	496	4283	1698	2916	2134	2657
+ 895	+2873	+2967	+3739	+1757	+3595	+3596

(6947, 7105, 7357, 7925, 8034, 7785, 8841)

4 Besondere Ergebnisse

1145	2465	2724	1374	3421	2184	2438
1299	1593	1887	2967	1869	2858	4842
+ 766	+ 263	+ 821	+2202	+2364	+3723	+2596

5 Setze die fehlenden Ziffern ein!

4_ _9	356_	_913	4_9_	2_86
+_894	+4_ _9	+58_ _	+39_7	+_97_
7543	7847	8787	8651	7361

6 Kettenrechnen!

1732	2312	3066	2596	2066
+ 756	+ 896	+ 978	+1468	+1978
____	____	____	____	____
+ 756	+ 896	+ 978	+1468	+1978
____	____	____	____	____
+ 756	+ 896	+ 978	+1468	+1978

(Die Ergebniszahlen sind volle Tausender.)

Schriftliches Subtrahieren im Zahlenraum bis 10 000

1

8754	4867	5948	6456	7576	9637	8865
− 623	− 542	− 715	− 234	− 425	− 512	− 424

2

8134	4351	5246	6456	7523	9132	8241
− 658	− 895	− 897	− 878	− 847	− 567	− 596

3 Besondere Ergebnisse

5635	6134	6323	5962	8245	8463	8216
−4401	−3789	−2867	−1395	−2567	−1674	−3895

4 Setze die fehlenden Ziffern ein!

6 _ 3 _	_ 1 5 _	7 3 6 _	_ 2 5 4	8 5 _ _
−2 9 _ 6	−3 _ 8 9	−4 _ _ 8	−6 4 _ _	− _ 9 9 6
3778	4564	2409	2769	2587

5 Kettenrechnen!

4958	5277	6601	7352	8904
− 986	− 759	− 867	− 784	− 968
____	____	____	____	____
− 986	− 759	− 867	− 784	− 968
____	____	____	____	____
− 986	− 759	− 867	− 784	− 968

(Die Ergebniszahlen sind volle Tausenderzahlen.)

6 Subtrahiere mehrere Zahlen!

6721	8072	7143	8427	7351	6534	9421
−1835	−2361	− 562	−2596	− 967	−1859	−2538
−1968	−3785	−2456	− 783	− 859	−2487	−3187
−2439	− 598	−3789	−3539	−4376	− 521	−1659

(336, 479, 1149, 1328, 1509, 1667, 2037)

Erweiterung des Zahlenraums bis 100 000 (1)

1 Trage in die Tabelle ein! Wie heißt die Zahl?

	ZT	T	H	Z	E	
4ZT 8T 7H 2Z 9E						______
6ZT 3T 5H 4Z 3E						______
7ZT 6T 5Z 8E						______
9ZT 4T 2H 7E						______
5ZT 8H 6Z 5E						______
8ZT 5H 3E						______

2 Wie heißen die Zahlen?

60 000 + 7 000 + 500 + 20 + 8 = ______

80 000 + 6 000 + 200 + 90 + 4 = ______

90 000 800 + 70 + 6 = ______

70 000 + 2 000 + 500 = ______

60 000 + 7 000 + 80 = ______

3 Wie heißen die Zahlen?

72418 = 70 000 + 2 000 + ___ + ___ + ___

67 159 = ______

51 026 = ______

69 402 = ______

83 009 = ______

90 763 = ______

4 Ergänze!

100 000	
30 000	
60 000	
50 000	
20 000	
40 000	
80 000	
43 000	
58 000	
71 000	
26 000	
35 000	
62 000	

5

ZT – Nachbarn

40 000	41 000	50 000
	67 000	
	28 000	
	76 000	
	35 000	
	87 000	
	52 000	
	96 000	

T – Nachbarn

27 000	27 300	28 000
	35 400	
	78 600	
	52 500	
	82 400	
	43 200	
	60 900	
	37 800	

H – Nachbarn

62 700	62 780	62 800
	59 420	
	47 360	
	52 710	
	34 590	
	83 260	
	61 640	
	48 830	

6 Setze die Zahlenfolgen fort!

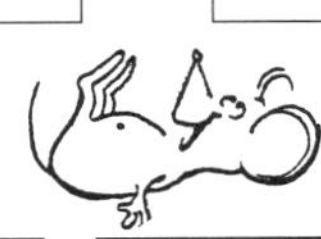

18 000, 22 000, 26 000, ______ ______ ______ ______ ______ ______

43 000, 49 000, 55 000, ______ ______ ______ ______ ______ ______

83 000, 76 000, 69 000, ______ ______ ______ ______ ______ ______

91 000, 86 000, 81 000, ______ ______ ______ ______ ______ ______

Erweiterung des Zahlenraums bis 100 000 (2)

1 Wie heißen die Zahlen?

6T 4ZT 2Z 8H 5E	9Z 5T 7E 3ZT 8H	2ZT 4Z 6E 9H 8T	2E 4Z 6T 8H 9ZT
8T 7ZT 6Z 5E	9Z 5ZT 3H 4E	9ZT 3H 5E	7E 8Z 5ZT

2 Wie heißen die Zahlen am Zahlenstrahl?

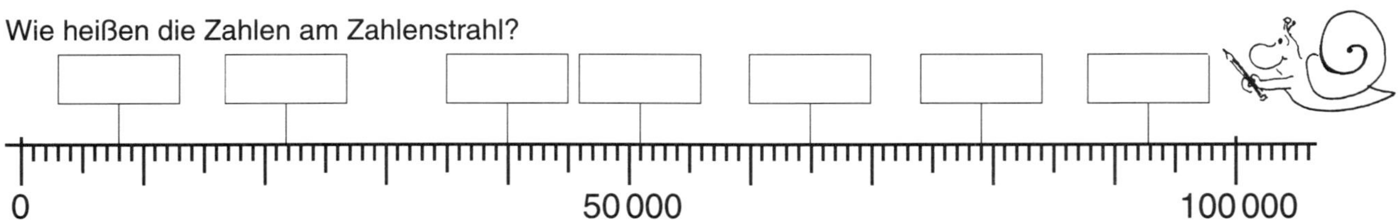

3 Für welche Zahlen stehen die Buchstaben?

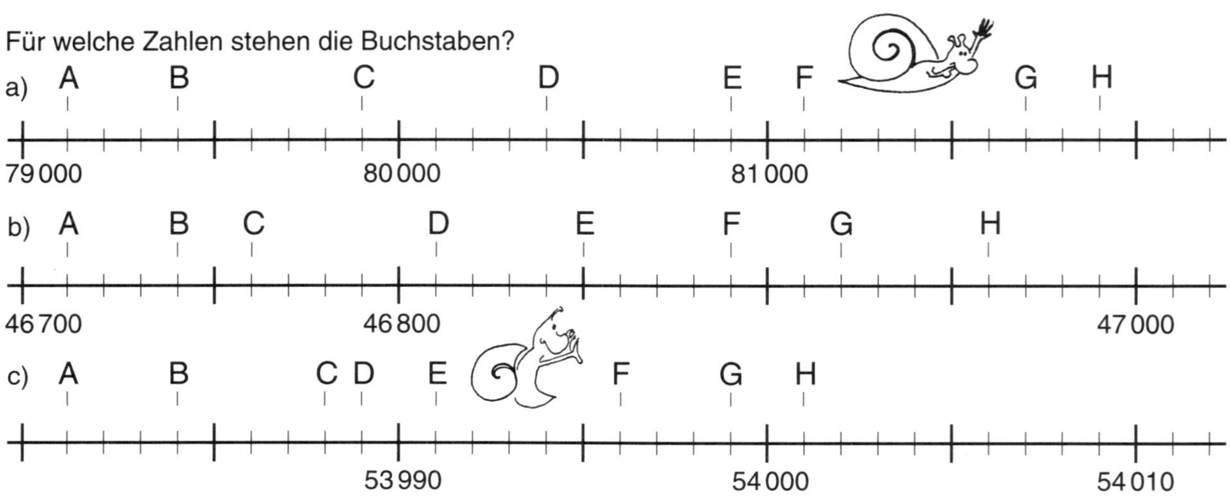

	A	B	C	D	E	F	G	H
a)	79 100							
b)								
c)								

4 Nenne Vorgänger und Nachfolger!

Vorgänger						
Zahl	39 990	27 999	40 030	76 100	80 000	70 009
Nachfolger						

5 Ordne die Zahlen nach der Größe!

48 625, 86 254, 62 548, 25 486

54 909, 99 045, 59 904, 49 509

35 672, 57 263, 67 253, 25 378

27 854, 82 745, 84 572, 42 758

1

24342	31453	42327	53062
+15427	+26216	+16561	+31735

2

23867	34758	45896	58667	69785
+48456	+27565	+36448	+19765	+15647

3 Besondere Ergebnisse

42879	59706	37596	26849	18985
+55886	+27948	+38947	+38583	+35336

26059	28588	37609	45588	44992
+17985	+26467	+28457	+31489	+43096

4 Rechenketten

39066	35822	28159	12216	11498
+16978	+14726	+13947	+15928	+12834
_ _ _ _ _	_ _ _ _ _	_ _ _ _ _	_ _ _ _ _	_ _ _ _ _
+16978	+14726	+13947	+15928	+12834
_ _ _ _ _	_ _ _ _ _	_ _ _ _ _	_ _ _ _ _	_ _ _ _ _
+16978	+14726	+13947	+15928	+12834
_ _ _ _ _	_ _ _ _ _	_ _ _ _ _	_ _ _ _ _	_ _ _ _ _

Male die Felder, die mit deinen Ergebnissen übereinstimmen, mit einer Farbe an!

98 765	55 506	65 432	65 492	76 543	79 000	87 654	85 000	
39 769	30 000	57 669	63 480	70 000	78 459	82 344	86 475	93 200
44 044	55 055	62 323	66 066	77 077	80 000	85 432	90 000	
50 000	53 000	58 888	64 791	72 323	79 607	84 797	87 698	94 520
54 321	56 480	60 000	67 827	78 432	81 000	88 088	89 000	

Schriftliches Subtrahieren im Zahlenraum bis 100 000

1

58649	65876	74975	88769	49674	98748
−26135	−41523	−32631	−27151	−15223	−52236

2

72325	65415	43246	81765	94335	76541
−34819	−25648	−15787	−38496	−33947	−58259

3 Subtrahiere die gleiche Zahl. Besondere Ergebnisse.

97575	96090	97209	86982	91659	84126
−14418	−13923	−14296	−24879	−26438	−23927
_ _ _ _ _	_ _ _ _ _	_ _ _ _ _	_ _ _ _ _	_ _ _ _ _	_ _ _ _ _
−14418	−13923	−14296	−24879	−26438	−23927
_ _ _ _ _	_ _ _ _ _	_ _ _ _ _	_ _ _ _ _	_ _ _ _ _	_ _ _ _ _
−14418	−13923	−14296	−24879	−26438	−23927
_ _ _ _ _	_ _ _ _ _	_ _ _ _ _	_ _ _ _ _	_ _ _ _ _	_ _ _ _ _

4 Subtrahiere mehrere Zahlen!

98476	95243	96594	91886	93418	97741
−14685	−24385	−34956	−14838	−26396	−39639
−27893	−15912	−18729	−17252	−25285	−28527
−36992	−28138	−16862	−19177	−24174	−17418

Male die Felder, die mit deinen Ergebnissen übereinstimmen, mit einer Farbe an!

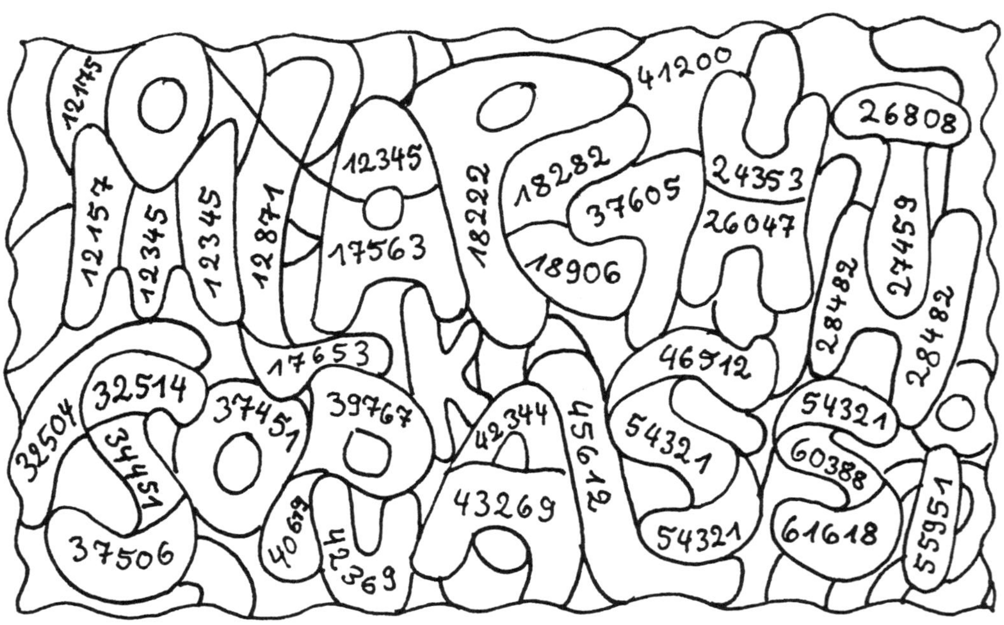

Wiederholungstest 1

1 Wie heißen die Zahlen?

8T 7H 6Z 4E	3E 8H 4Z 7T	8Z 6T 5E	9H 6E 3T 2ZT	8ZT 4H 7Z 6T 3E	3H 4ZT 7Z
______	______	______	______	______	______

2 Wie heißen die Vorgänger und Nachfolger?

Vorgänger						
Zahl	10 000	12 499	17 800	35 000	59 999	90 000
Nachfolger						

3 Ordne die Zahlen nach der Größe!

4 763, 6 374, 3 746, 7 436 ______

3 502, 2 053, 5 023, 3 205 ______

27 138, 13 278, 12 871, 23 718 ______

36 024, 62 430, 34 602, 24 603 ______

4 Setze die fehlenden Ziffern ein!

_ 8 6 _ 7	2 3 _ 5 _	_ 3 1 4 _	8 _ 1 _ 6	_ 4 _ 8 _	_ _ 6 9 2
+ 2 _ _ 9 8	+ _ 9 7 _ 5	+ 2 _ _ _ 9	− 4 5 _ 8 _	− 5 _ 5 _ 4	− 2 6 7 _ _
83 225	73 223	73 021	36 459	35 787	47 905

5 Setze die Zahlenfolge fort!

27 000, 33 000, 39 000, ______, ______, ______, ______

48 700, 49 100, 49 500, ______, ______, ______, ______

36 200, 37 600, 39 000, ______, ______, ______, ______

81 000, 74 000, 67 000, ______, ______, ______, ______

63 800, 63 200, 62 600, ______, ______, ______, ______

74 600, 73 200, 71 800, ______, ______, ______, ______

6 Addiere schriftlich!

36 722	25 143	12 425	25 637	43 271	33 462
+ 59 697	+ 36 958	+ 39 897	+ 43 784	+ 26 954	+ 48 952

7 Subtrahiere schriftlich!

76 423	52 916	81 243	73 224	82 643	94 552
− 31 285	− 29 387	− 59 786	− 26 875	− 57 899	− 38 674

Erweiterung des Zahlenraums bis 1 000 000 (1)

1 Ergänze die fehlenden Angaben!

1M 6HT 8ZT 4T 7H 3Z 4E

5HT 4ZT 0T 8H 6Z 5E

4HT 0ZT 3T 6H 9Z 0E

____

____

____

M	HT	ZT	T	H	Z	E
1	6					
1	7	6	2	8	4	7
	8	2	9	4	5	6
	6	1	7	7	8	3

2 Trage die Zahlen in die Stellenwerttafel ein!

sechshundertachtzigtausendsiebenhundertzweiundfünfzig

dreihundertvierundsechzigtausenddreihundertundneunzig

neunhundertundsiebentausendzweihunderteinundsechzig

siebenhundertzweiundvierzigtausendundzwanzig

achthundertdreißigtausendsiebenhundertundvier

fünfhundertzweiundneunzigtausendunddrei

M	HT	ZT	T	H	Z	E

3 Wie heißt die Zahl?

400 000 + 90 000 + 7 000 + 900 + 80 + 6 = __________

700 000 + 60 000 + 4 000 + 500 + 40 + 7 = __________

800 000 + 40 000 + 2 000 + 700 + 50 + 3 = __________

900 000 + 8 000 + 600 + 50 = __________

500 000 + 70 000 + 400 + 6 = __________

300 000 + 800 + 70 + 5 = __________

4 Kennst du dich am Zahlenstrahl aus?

400 000 … 550 000

672 000 … 687 000

389 000 | 389 600 | 389 900 | 390 400 | 391 000 | 391 700 | 392 200

157 760 | 157 790 | 157 800 | 157 860 | 157 910 | 157 950 | 158 070

1 HT – Nachbarn

500 000	540 000	600 000
	721 000	
	478 000	
	659 000	
	836 000	
	928 000	

ZT – Nachbarn

270 000	273 000	280 000
	391 000	
	528 000	
	716 000	
	487 000	
	835 000	

T – Nachbarn

326 000	326 400	327 000
	438 200	
	772 800	
	561 300	
	948 100	
	984 500	

Vorgänger	Zahl	Nachfolger
411 098	411 099	411 100
	817 400	
	449 999	
	520 900	
	600 000	
	999 999	

2

ist größer als →

476 859   547 698

485 976   574 869

ist kleiner als →

375 864   468 573

573 468   345 867

3 Zähle weiter!

420 000	480 000	540 000				
392 000	395 000	398 000				
610 000	540 000	470 000				
519 000	511 000	503 000				

4

+1 →	+10 →	+100 →	+1 000 →	+10 000 →	+100 000 →
396 997	451 986	229 700	597 820	480 560	219 400
______	______	______	______	______	______
______	______	______	______	______	______
______	______	______	______	______	______

5

–1 →	–10 →	–100 →	–1 000 →	–10 000 →	–100 000 →
504 002	481 020	595 200	903 750	721 870	846 300
______	______	______	______	______	______
______	______	______	______	______	______
______	______	______	______	______	______

Addieren und Subtrahieren im Zahlenraum bis 1 000 000 (1)

1

521455	634512	413542	711536	243625
+146342	+162385	+375226	+167251	+436354

2

286794	369748	572468	637598	726584
+557638	+254567	+247954	+285635	+194738

3

241896	165725	206412	345728	196774
+318942	+278932	+295526	+185437	+265357
+179539	+386499	+237897	+143548	+187499

4

126412	248715	257921	327469
+213598	+169432	+384675	+243796
+ ______	+ ______	+ ______	+ ______
668744	744803	902226	717557

146 292	740 377
259 630	788 768
326 656	796 897
328 734	820 422
624 315	831 156
649 630	844 432
667 797	878 787
674 713	921 322
679 979	923 233
739 835	

5

689465	568765	784976	885675	986759
−245134	−246513	−321754	−422434	−625433

6

721347	813544	726438	936504	664335
−368598	−245685	−348549	−658827	−285458

7

823437	745621	855092	927813	817425
−118638	−247894	−298629	−368275	−249875
−359526	−386725	−375457	−259496	−318567

8

911423	874602	751632	928543
−248596	−217958	−176279	−395678
− ______	− ______	− ______	− ______
222222	333333	333333	333333

111 002	352 749
181 006	361 326
199 532	377 889
242 020	378 877
248 983	440 605
277 677	444 331
300 042	463 222
322 252	463 241
323 311	567 859
345 273	

Addieren und Subtrahieren im Zahlenraum bis 1 000 000 (2)

1 Zauberquadrate

48 476		68 476
	78 476	
		108 476

77 585		
227 585		107 585
197 585		

2 Schreibe untereinander und addiere!

a) 29 468 + 316 412 + 47 385 + 612

b) 4 973 + 548 + 37 419 + 496 819

c) 561 429 + 93 + 18 926 + 795

Runden großer Zahlen

❶ Runde zu vollen **Zehnern!**

17	20
36	
62	
94	
79	
81	
43	
25	
48	
83	

138	140
264	
375	
526	
892	
643	
627	
349	
761	
548	

5 612	5 610
3 437	
6 865	
7 343	
8 974	
4 636	
5 628	
3 951	
5 479	
3 179	

27 349	27 350
36 964	
42 827	
54 663	
26 588	
69 082	
84 161	
52 465	
75 736	
61 285	

❷ Runde zu vollen

Zehnern	
51 46**2**	
72 35**6**	
43 86**7**	
27 65**3**	
34 78**5**	
32 24**8**	
52 49**1**	
41 64**9**	
23 57**4**	

Hundertern	
27 3**46**	
36 4**87**	
41 8**35**	
24 7**69**	
53 6**92**	
69 4**19**	
58 9**28**	
82 8**54**	
71 2**75**	

Tausendern	
24 **9**16	
43 **5**48	
51 **3**96	
87 **1**85	
91 **6**43	
85 **4**27	
46 **7**61	
21 **2**85	
47 **8**23	

Zehntausendern	
6**4** 426	
7**9** 573	
8**2** 918	
4**6** 642	
2**1** 857	
3**5** 236	
9**3** 494	
8**7** 317	
6**8** 269	

❸ Runde die Zahlen auf volle

	HT	ZT	T	H	Z
561 814					
423 836					
742 477					
638 185					
193 498					
247 551					
756 294					
872 623					
654 698					
218 484					

Wiederholungstest 2

1 Wie heißen die Zahlen?

6HT 8ZT 5T 7H 3Z 6E	9E 7T 6HT 4Z 7ZT 2H	8Z 6ZT 5T 7HT	4H 7HT 6Z 2T	2T 8E 9HT 4ZT
______	______	______	______	______

2 Wie heißen Vorgänger und Nachfolger?

Vorgänger					
Zahl	265 700	372 000	400 000	256 999	999 999
Nachfolger					

3 Ordne die Zahlen nach der Größe!

346 927, 327 946, 364 297, 374 692 ______________________

546 847, 544 687, 564 487, 574 874 ______________________

4 Addiere schriftlich!

326628	175829	249381	528456	438679
+ 349786	+ 436578	+ 467857	+ 279778	+ 295685
______	______	______	______	______

5 Subtrahiere schriftlich!

435628	526413	642554	711273	814523
− 196473	− 285956	− 389678	− 564589	− 587894
______	______	______	______	______

6 Setze die fehlenden Ziffern ein!

4 _ 6 _ 8 _	_ _ 4 9 _ _	5 _ _ 5 _ _	_ 1 _ 8 1 _	8 _ 4 5 _ 2	9 _ _ _ _ 5
+ _ 5 _ 7 _ 5	+ 2 5 _ _ 2 7	+ _ 9 7 _ 5 4	− 3 _ 8 5 _ 6	− _ 4 _ _ 7 _	− _ 2 4 9 8 _
794132	508265	825496	281237	492563	217489

7 Runde die Zahlen auf volle

	HT	ZT	T	H	Z
431 967					
265 294					
398 572					
214 629					

Einmaleins der 2, 5 und 10

1

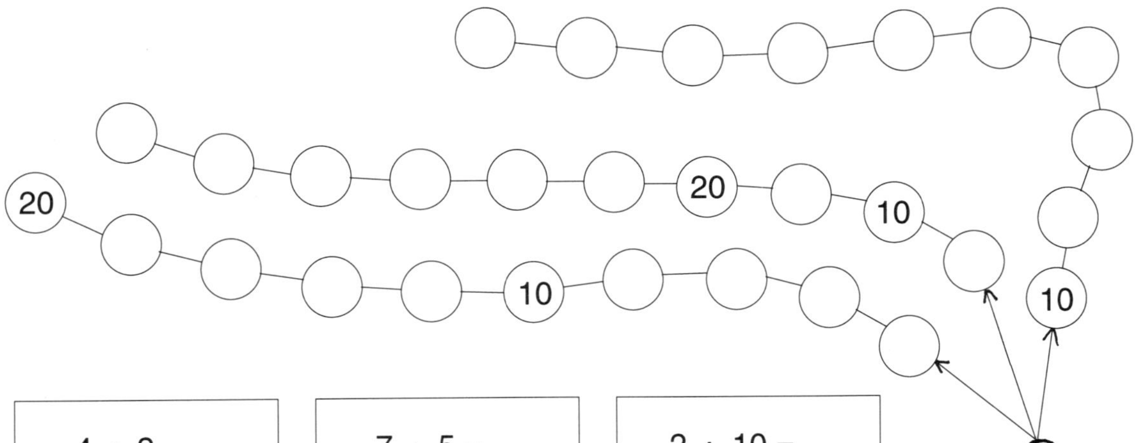

4

4 · 2 = ___
7 · 2 = ___
9 · 2 = ___
3 · 2 = ___
5 · 2 = ___
2 · 2 = ___
8 · 2 = ___
6 · 2 = ___
1 · 2 = ___
10 · 2 = ___

7 · 5 = ___
2 · 5 = ___
9 · 5 = ___
3 · 5 = ___
8 · 5 = ___
4 · 5 = ___
10 · 5 = ___
1 · 5 = ___
5 · 5 = ___
6 · 5 = ___

2 · 10 = ___
4 · 10 = ___
8 · 10 = ___
1 · 10 = ___
3 · 10 = ___
5 · 10 = ___
6 · 10 = ___
10 · 10 = ___
9 · 10 = ___
7 · 10 = ___

3

4 · 2	7 · 5	2 · 10	1 · 2	1 · 10	9 · 2	6 · 10	4 · 5	5 · 2	10 · 5
2 · 5	4 · 10	7 · 2	3 · 10	3 · 5	10 · 10	8 · 5	8 · 2	1 · 5	9 · 10
6 · 2	8 · 10	9 · 5	5 · 10	3 · 2	5 · 5	7 · 10	10 · 2	6 · 5	2 · 2

Male alle Kästchen gelb an, in denen du eine Ergebniszahl findest!

3	17	2	42	51	65	44	13	7	37	54
9	40	8	20	25	14	30	5	35	53	10
20	15	60	4	10	50	20	10	30	100	19
21	70	12	16	90	45	50	40	18	81	80
36	28	6	27	38	62	11	9	23	41	91

5

7 · 2 = ___
8 · 5 = ___
6 · 10 = ___
9 · 2 = ___
6 · 5 = ___
7 · 10 = ___
8 · 2 = ___
7 · 5 = ___
6 · 10 = ___

4

·	2	5	10
3			
6			
9			

·	5	2	10
2			
4			
8			

·	10	5	2
5			
10			
7			

6

8 · 2 = ___	7 · 2 = ___	4 · 2 = ___	9 · 2 = ___	6 · 2 = ___
8 · 5 = ___	7 · 10 = ___	4 · 5 = ___	9 · 10 = ___	6 · 5 = ___
8 · 10 = ___	7 · 5 = ___	4 · 10 = ___	9 · 5 = ___	6 · 10 = ___

1

3 · 2	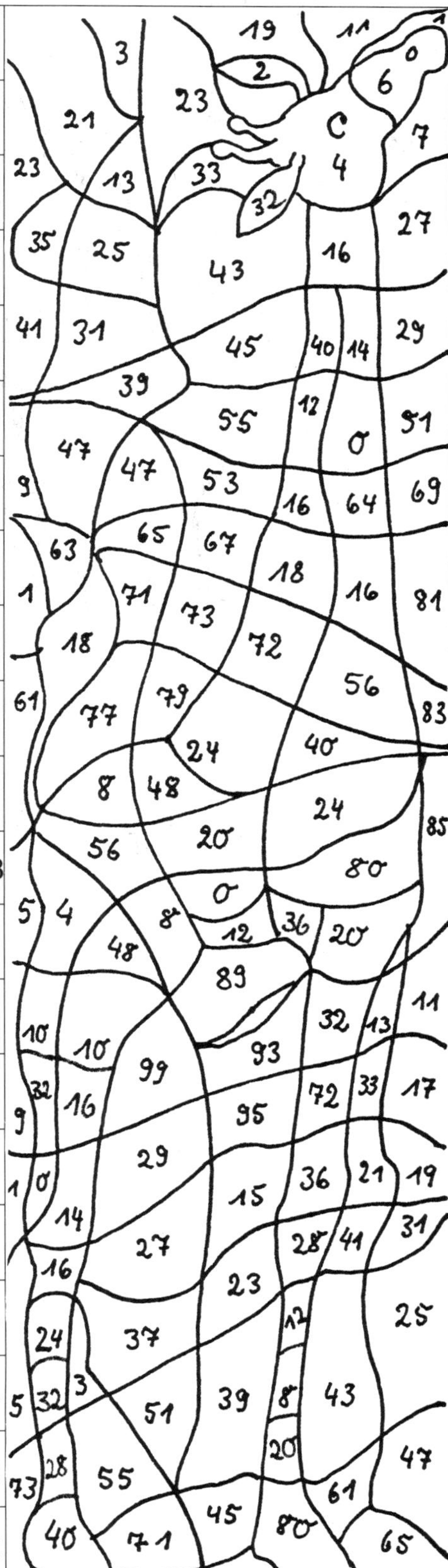	9 · 4
3 · 4		4 · 8
2 · 8		5 · 8
5 · 4		5 · 2
6 · 2		2 · 4
9 · 8		3 · 8
7 · 2		10 · 4
4 · 4		0 · 2
9 · 2		9 · 4
4 · 2		6 · 8
4 · 4		1 · 4
10 · 8		8 · 4
4 · 8		8 · 2
8 · 2		5 · 8
6 · 4		5 · 2
5 · 4		7 · 8
7 · 2		8 · 4
9 · 8		0 · 8
7 · 8		9 · 2
1 · 2		8 · 8
6 · 2		4 · 2

6 · 4	10 · 2	0 · 4	7 · 4	6 · 8	2 · 2	7 · 4	10 · 8

Male alle Kästchen gelb an, in denen du eine Ergebniszahl findest!

2

·	2	4	8	5	10
3					
7					
5					
2					
9					
6					
8					
4					
1					
10					

3

3 · 2 = ___	5 · 2 = ___	7 · 2 = ___
3 · 4 = ___	5 · 4 = ___	7 · 4 = ___
3 · 8 = ___	5 · 8 = ___	7 · 8 = ___
2 · 2 = ___	4 · 2 = ___	8 · 2 = ___
2 · 4 = ___	4 · 4 = ___	8 · 4 = ___
2 · 8 = ___	4 · 8 = ___	8 · 8 = ___

4

10 · 2 = ___	10 · 4 = ___	10 · 8 = ___
9 · 2 = ___	9 · 4 = ___	9 · 8 = ___
8 · 2 = ___	8 · 4 = ___	8 · 8 = ___
7 · 2 = ___	7 · 4 = ___	7 · 8 = ___

5

10 · 2 = ___	10 · 4 = ___	10 · 8 = ___
5 · 2 = ___	5 · 4 = ___	5 · 8 = ___
4 · 2 = ___	4 · 4 = ___	4 · 8 = ___
6 · 2 = ___	6 · 4 = ___	6 · 8 = ___

6

10 · 2 = ___	10 · 4 = ___	10 · 8 = ___
5 · 2 = ___	5 · 4 = ___	5 · 8 = ___
6 · 2 = ___	6 · 4 = ___	6 · 8 = ___
7 · 2 = ___	7 · 4 = ___	7 · 8 = ___

7

2 · 2 = ___	2 · 4 = ___	2 · 8 = ___
4 · 2 = ___	4 · 4 = ___	4 · 8 = ___
8 · 2 = ___	8 · 4 = ___	8 · 8 = ___

Einmaleins der 3, 6 und 9

1

2 · 3 = ___ 1 · 6 = ___ 3 · 9 = ___ 7 · 3 = ___ 5 · 9 = ___ 7 · 6 = ___
9 · 3 = ___ 6 · 9 = ___ 8 · 6 = ___ 1 · 3 = ___ 2 · 9 = ___ 3 · 3 = ___
2 · 6 = ___ 8 · 9 = ___ 0 · 6 = ___ 10 · 9 = ___ 6 · 3 = ___ 7 · 9 = ___
9 · 6 = ___ 10 · 3 = ___ 1 · 9 = ___ 0 · 3 = ___ 6 · 6 = ___ 3 · 6 = ___
4 · 9 = ___ 4 · 3 = ___ 0 · 9 = ___ 4 · 6 = ___ 10 · 6 = ___ 7 · 9 = ___
8 · 3 = ___ 9 · 9 = ___ 5 · 6 = ___ 7 · 6 = ___ 5 · 3 = ___

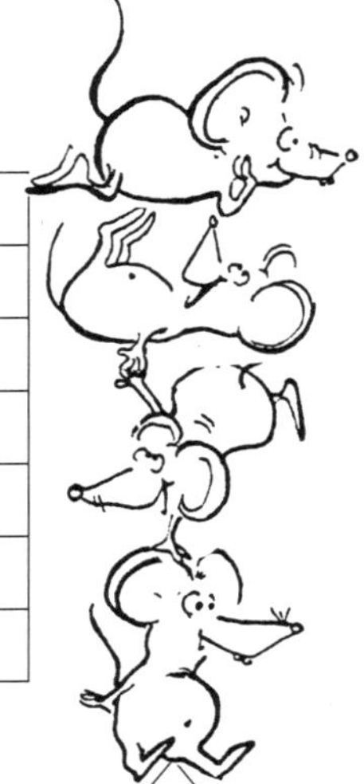

Male die Kästchen mit den Ergebniszahlen gelb an!

17	1	21	2	4	5	7	30	8	10	11	24	81	13
13	18	14	6	15	16	54	17	19	20	0	22	23	63
7	25	26	45	28	24	29	31	32	33	36	34	35	9
38	37	36	38	39	30	40	3	41	43	12	90	18	42
43	44	46	27	47	48	49	50	63	51	52	53	55	15
71	72	57	54	58	18	59	61	9	62	42	64	65	0
65	66	6	67	68	69	0	27	70	71	73	60	12	74

2

·3	
3	
5	
2	
4	

·3	
7	
6	
9	
8	

·6	
2	
4	
6	
8	

·6	
3	
5	
7	
9	

·9	
4	
7	
2	
5	

·9	
8	
3	
9	
6	

3

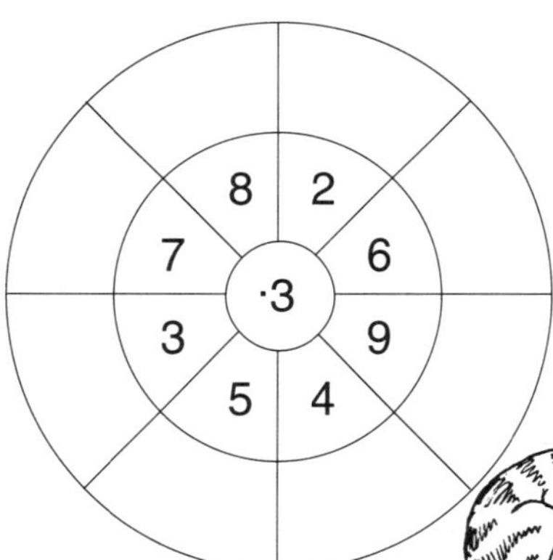

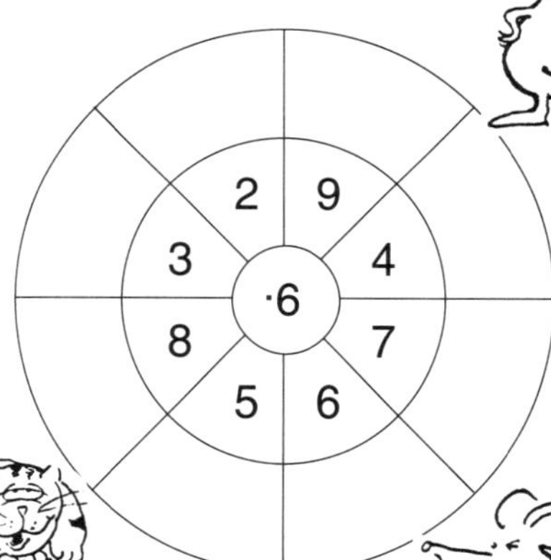

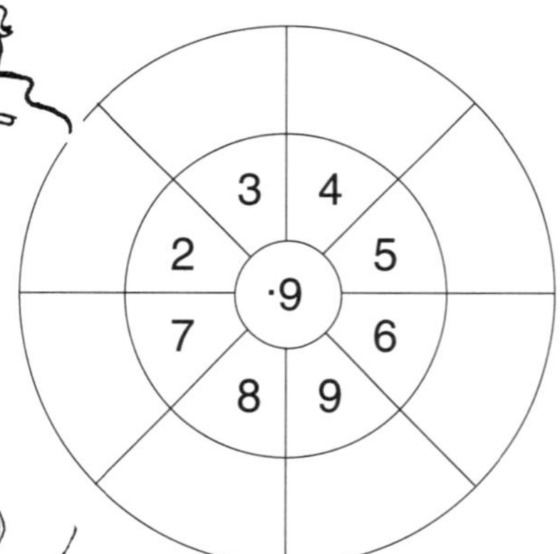

4

4 · 3 = ___ 7 · 3 = ___ 9 · 3 = ___ 5 · 3 = ___ 8 · 3 = ___ 6 · 3 = ___
4 · 6 = ___ 7 · 6 = ___ 9 · 6 = ___ 5 · 6 = ___ 8 · 6 = ___ 6 · 6 = ___
4 · 9 = ___ 7 · 9 = ___ 9 · 9 = ___ 5 · 9 = ___ 8 · 9 = ___ 6 · 9 = ___
4 · 5 = ___ 7 · 5 = ___ 9 · 5 = ___ 5 · 5 = ___ 8 · 5 = ___ 6 · 5 = ___
4 · 2 = ___ 7 · 2 = ___ 9 · 2 = ___ 5 · 2 = ___ 8 · 2 = ___ 6 · 2 = ___
4 · 8 = ___ 7 · 8 = ___ 9 · 8 = ___ 5 · 8 = ___ 8 · 8 = ___ 6 · 8 = ___
4 · 4 = ___ 7 · 4 = ___ 9 . 4 = ___ 5 · 4 = ___ 8 · 4 = ___ 6 · 4 = ___

1 Verbinde die Ergebniszahlen in der Reihenfolge der Aufgaben!

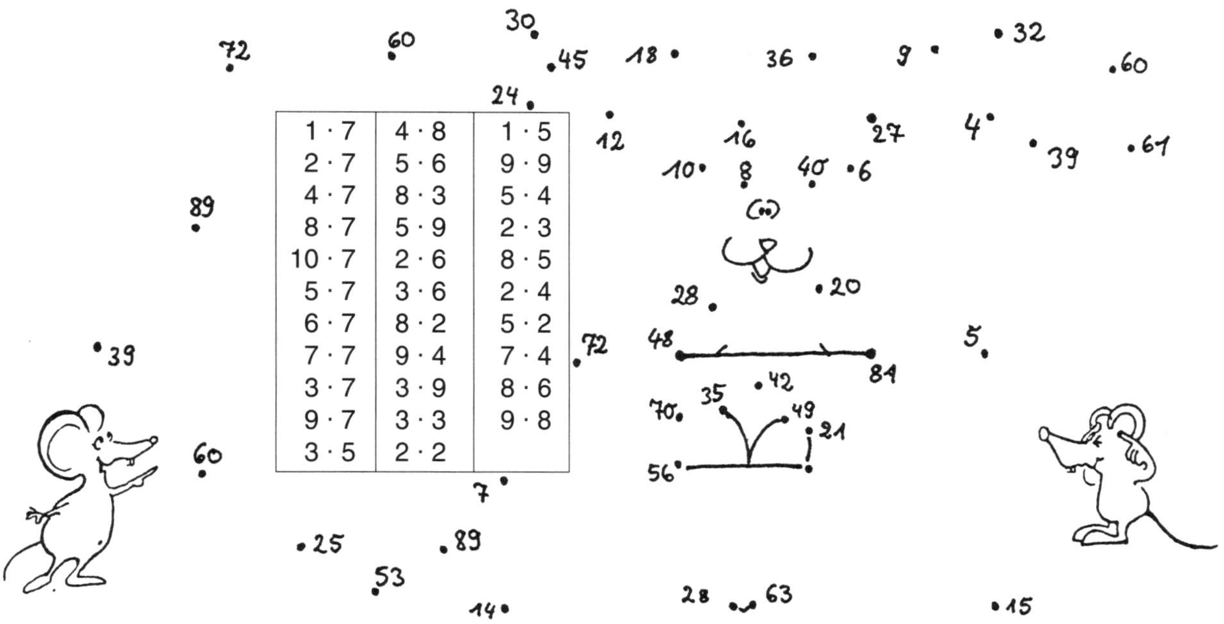

1 · 7	4 · 8	1 · 5
2 · 7	5 · 6	9 · 9
4 · 7	8 · 3	5 · 4
8 · 7	5 · 9	2 · 3
10 · 7	2 · 6	8 · 5
5 · 7	3 · 6	2 · 4
6 · 7	8 · 2	5 · 2
7 · 7	9 · 4	7 · 4
3 · 7	3 · 9	8 · 6
9 · 7	3 · 3	9 · 8
3 · 5	2 · 2	

2

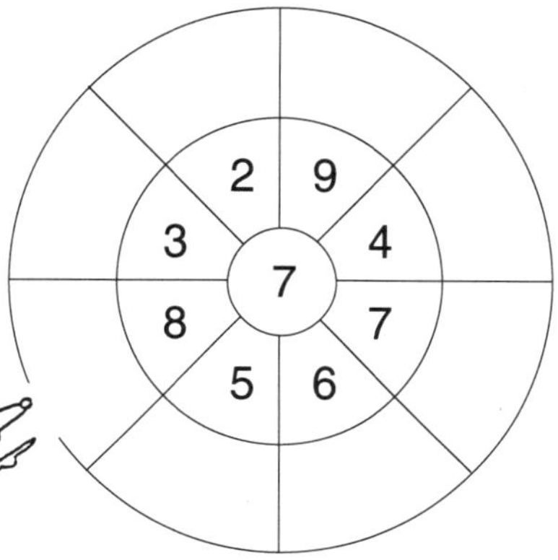

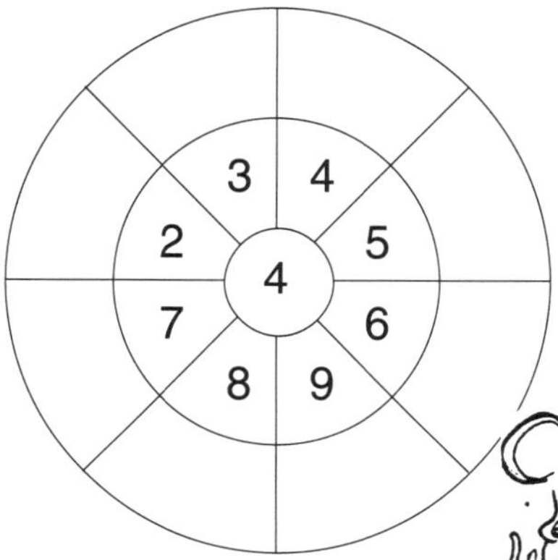

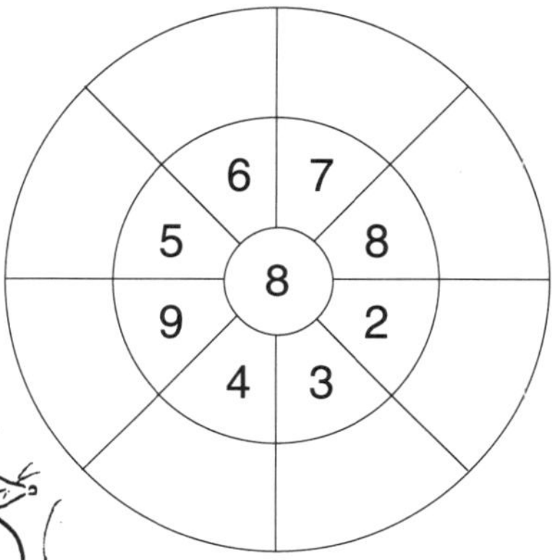

3

10 · 7 = ___	10 · 7 = ___	2 · 7 = ___	2 · 7 = ___	3 · 7 = ___	10 · 7 = ___
9 · 7 = ___	5 · 7 = ___	4 · 7 = ___	5 · 7 = ___	6 · 7 = ___	5 · 7 = ___
8 · 7 = ___	4 · 7 = ___	8 · 7 = ___	7 · 7 = ___	7 · 7 = ___	6 · 7 = ___

4

3 · 7 = 7 · ___	6 · 7 = 7 · ___	4 · 8 = 8 · ___	6 · 8 = 8 · ___	2 · 9 = 9 · ___	4 · 9 = 9 · ___
8 · 7 = 7 · ___	4 · 7 = 7 · ___	9 · 8 = 8 · ___	2 · 8 = 8 · ___	8 · 9 = 9 · ___	7 · 9 = 9 · ___
5 · 7 = 7 · ___	9 · 7 = 7 · ___	5 · 8 = 8 · ___	7 · 8 = 8 · ___	6 · 9 = 9 · ___	5 · 9 = 9 · ___
2 · 7 = 7 · ___	10 · 7 = 7 · ___	3 · 8 = 8 · ___	10 · 8 = 8 · ___	3 · 9 = 9 · ___	10 · 9 = 9 · ___

5

2 · 7 = ___	3 · 6 = ___	4 · 8 = ___	5 · 7 = ___	6 · 8 = ___	6 · 9 = ___	7 · 3 = ___
8 · 6 = ___	8 · 9 = ___	9 · 7 = ___	9 · 9 = ___	10 · 7 = ___	2 · 9 = ___	3 · 5 = ___
5 · 4 = ___	6 · 6 = ___	7 · 5 = ___	8 · 8 = ___	9 · 3 = ___	5 · 5 = ___	9 · 6 = ___
7 · 8 = ___	3 · 9 = ___	5 · 3 = ___	7 · 2 = ___	7 · 7 = ___	8 · 6 = ___	9 · 2 = ___
9 · 8 = ___	7 · 9 = ___	2 · 4 = ___	3 · 3 = ___	6 · 7 = ___	7 · 4 = ___	5 · 9 = ___

Multiplikation mit den Stufenzahlen 10, 100 und 1 000

1

3 · 10 = ____	10 · 6 = ____	10 · 12 = ____	10 · 26 = ____
5 · 10 = ____	10 · 9 = ____	10 · 16 = ____	10 · 29 = ____
8 · 10 = ____	10 · 3 = ____	10 · 19 = ____	10 · 34 = ____
2 · 10 = ____	10 · 7 = ____	10 · 13 = ____	10 · 38 = ____
6 · 10 = ____	10 · 5 = ____	10 · 15 = ____	10 · 42 = ____
9 · 10 = ____	10 · 8 = ____	10 · 17 = ____	10 · 45 = ____
4 · 10 = ____	10 · 2 = ____	10 · 14 = ____	10 · 56 = ____
7 · 10 = ____	10 · 4 = ____	10 · 18 = ____	10 · 59 = ____

2

4 · 100 = ____	100 · 2 = ____	100 · 18 = ____	100 · 25 = ____
8 · 100 = ____	100 · 7 = ____	100 · 14 = ____	100 · 27 = ____
6 · 100 = ____	100 · 3 = ____	100 · 17 = ____	100 · 32 = ____
3 · 100 = ____	100 · 8 = ____	100 · 15 = ____	100 · 36 = ____
9 · 100 = ____	100 · 5 = ____	100 · 13 = ____	100 · 41 = ____
7 · 100 = ____	100 · 9 = ____	100 · 19 = ____	100 · 48 = ____
5 · 100 = ____	100 · 8 = ____	100 · 16 = ____	100 · 54 = ____
2 · 100 = ____	100 · 4 = ____	100 · 12 = ____	100 · 59 = ____

3

·100 →

	·10 →	·10 →
8		
5		
9		
2		
6		
4		
7		
3		

·1 000 →

	·10 →	·10 →	·10 →
7			
2			
5			
6			
4			
9			
8			
3			

3 · 1 000 = ____
8 · 1 000 = ____
7 · 1 000 = ____
4 · 1 000 = ____
9 · 1 000 = ____
2 · 1 000 = ____
5 · 1 000 = ____
6 · 1 000 = ____

4

10 · 4 = ____	100 · 27 = ____	1 000 · 16 = ____
100 · 5 = ____	10 · 36 = ____	1 000 · 28 = ____
1 000 · 7 = ____	100 · 31 = ____	1 000 · 34 = ____
10 · 8 = ____	10 · 43 = ____	1 000 · 42 = ____
100 · 6 = ____	100 · 48 = ____	1 000 · 58 = ____
1 000 · 3 = ____	10 · 52 = ____	1 000 · 67 = ____
10 · 9 = ____	100 · 59 = ____	1 000 · 84 = ____
100 · 7 = ____	10 · 64 = ____	1 000 · 95 = ____
1 000 · 5 = ____	100 · 73 = ____	1 000 · 81 = ____
10 · 5 = ____	10 · 75 = ____	1 000 · 83 = ____
100 · 9 = ____	100 · 84 = ____	1 000 · 92 = ____
1 000 · 2 = ____	10 · 96 = ____	1 000 · 97 = ____

1

3	·	6	=	
3	·	60	=	
5	·	7	=	
5	·	70	=	
8	·	3	=	
8	·	30	=	
2	·	9	=	
2	·	90	=	
4	·	8	=	
4	·	80	=	

2

6	·	2	=	
6	·	20	=	
4	·	5	=	
4	·	50	=	
7	·	4	=	
7	·	40	=	
9	·	6	=	
9	·	60	=	
8	·	9	=	
8	·	90	=	

3

3	·	8	=	
3	·	80	=	
7	·	3	=	
7	·	30	=	
9	·	7	=	
9	·	70	=	
7	·	8	=	
7	·	80	=	
9	·	4	=	
9	·	40	=	

4

7 → ·30 → ☐ ; 7 → ·3 → ☐ → ·10 → ☐

8 → ·70 → ☐ ; 8 → ·7 → ☐ → ·10 → ☐

5 → ·50 → ☐ ; 5 → ·5 → ☐ → ·10 → ☐

5

3 → ·60 → ☐ ; 3 → ◯ → ☐ → ◯ → ☐

9 → ·20 → ☐ ; 9 → ◯ → ☐ → ◯ → ☐

4 → ·70 → ☐ ; 4 → ◯ → ☐ → ◯ → ☐

6

6 → ·40 → ☐ ; 6 → ◯ → ☐ → ◯ → ☐

4 → ·90 → ☐ ; 4 → ◯ → ☐ → ◯ → ☐

7 → ·80 → ☐ ; 7 → ◯ → ☐ → ◯ → ☐

7

·30	
4	
8	
7	
3	

·40	
6	
9	
7	
4	

·50	
7	
5	
3	
9	

·60	
3	
9	
7	
5	

·70	
3	
7	
9	
6	

·80	
5	
7	
3	
8	

1

4 · 7 = ____ 4 · 700 = ____	8 · 3 = ____ 8 · 300 = ____	7 · 6 = ____ 7 · 600 = ____
5 · 9 = ____ 5 · 900 = ____	6 · 4 = ____ 6 · 400 = ____	3 · 5 = ____ 3 · 500 = ____
9 · 4 = ____ 9 · 400 = ____	7 · 8 = ____ 7 · 800 = ____	4 · 7 = ____ 4 · 700 = ____
2 · 8 = ____ 2 · 800 = ____	9 · 7 = ____ 9 · 700 = ____	6 · 8 = ____ 6 · 800 = ____
5 · 2 = ____ 5 · 200 = ____	3 · 9 = ____ 3 · 900 = ____	8 · 2 = ____ 8 · 200 = ____
7 · 3 = ____ 7 · 300 = ____	4 · 6 = ____ 4 · 600 = ____	7 · 5 = ____ 7 · 500 = ____

2

8 → ·300 → __ ; 8 → ·3 → __ → ·100 → __

7 → ·900 → __ ; 7 → ·9 → __ → ·100 → __

5 → ·700 → __ ; 5 → ·7 → __ → ·100 → __

3

6 → ·800 → __ ; 6 → ◯ → __ → ◯ → __

9 → ·400 → __ ; 9 → ◯ → __ → ◯ → __

3 → ·900 → __ ; 3 → ◯ → __ → ◯ → __

4

3 → ·400 → __ ; 3 → ◯ → __ → ◯ → __

4 → ·600 → __ ; 4 → ◯ → __ → ◯ → __

8 → ·600 → __ ; 8 → ◯ → __ → ◯ → __

5

·400		·600		·300		·700		·900		·500	
4		7		9		5		3		6	
8		6		5		7		6		4	
3		8		7		3		9		7	
9		3		2		6		4		5	
5		4		8		4		7		9	
2		5		3		2		5		2	
6		2		4		8		2		3	
7		9		6		9		8		8	
10		10		10		10		10		10	

1

·	3	7	5	6	4	2	8	9	10
3									
7									
9									
5									
8									

2 Multipliziere

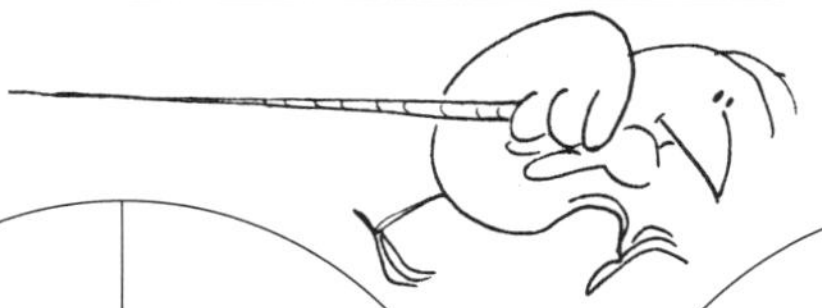

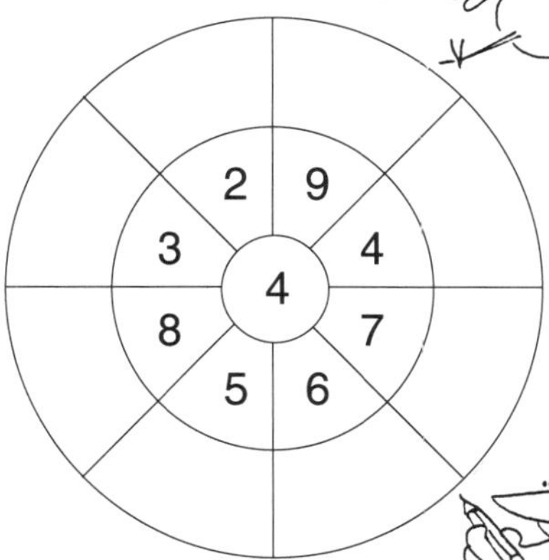

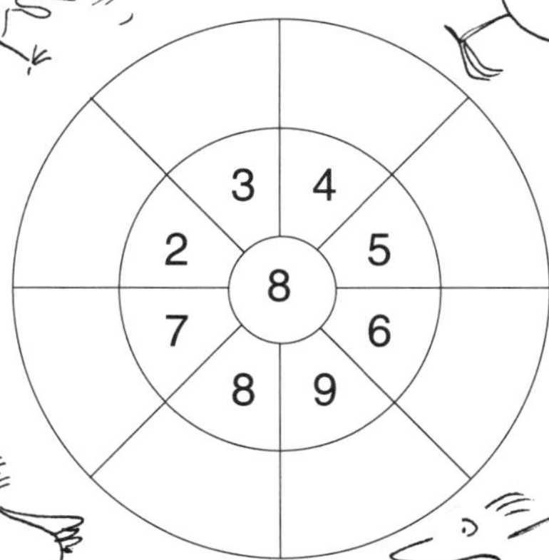

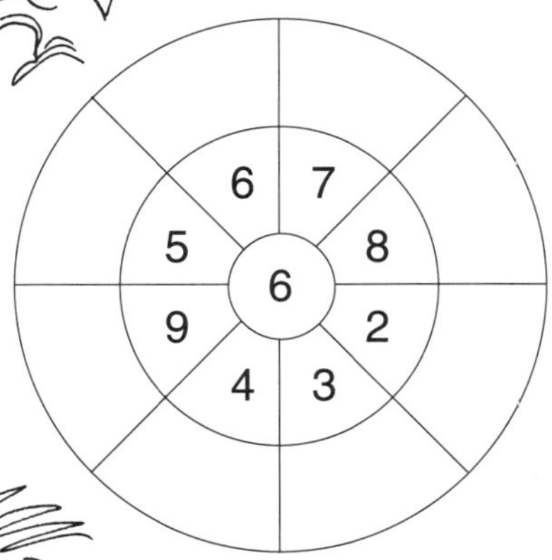

3

5 · 7 = ____	6 · 8 = ____	6 · 9 = ____	7 · 3 = ____	2 · 7 = ____	3 · 6 = ____
9 · 9 = ____	10 · 7 = ____	2 · 9 = ____	3 · 5 = ____	8 · 6 = ____	8 · 9 = ____
8 · 8 = ____	9 · 3 = ____	5 · 5 = ____	9 · 6 = ____	5 · 4 = ____	6 · 6 = ____
7 · 2 = ____	7 · 7 = ____	8 · 6 = ____	9 · 2 = ____	7 · 8 = ____	3 · 9 = ____
3 · 3 = ____	6 · 7 = ____	7 · 4 = ____	5 · 9 = ____	9 · 8 = ____	7 · 9 = ____

4

7 · 10 = ____	8 · 70 = ____	4 · 600 = ____	3 · 90 = ____
6 · 100 = ____	9 · 40 = ____	8 · 400 = ____	7 · 200 = ____
4 · 1 000 = ____	7 · 30 = ____	3 · 700 = ____	8 · 40 = ____
23 · 10 = ____	5 · 80 = ____	5 · 900 = ____	9 · 300 = ____
31 · 100 = ____	4 · 60 = ____	2 · 600 = ____	2 · 80 = ____
45 · 1 000 = ____	3 · 90 = ____	7 · 500 = ____	6 · 700 = ____

5

·	40	80	60
4			
7			
3			
8			
2			

·	700	400	800
2			
6			
9			
4			
7			

·	80	600	90
5			
9			
4			
7			
3			

Schriftliches Multiplizieren (mit einstelligen Zahlen)

1

123 · 3 | 204 · 2 | 321 · 3 | 102 · 4 | 324 · 2

213 · 3 | 423 · 2 | 231 · 3 | 420 · 2 | 210 · 4

2

3212 · 2 | 3223 · 3 | 3042 · 2 | 2102 · 4

1301 · 2 | 2032 · 3 | 3302 · 2 | 1202 · 4

3

21204 · 2 | 32113 · 3 | 10220 · 4

22404 · 2 | 33201 · 3 | 11022 · 4

4 Ergänze die fehlenden Ziffern

204 · 2 = 4□8 | 123 · 3 = 36□ | 414 · 2 = □28 | 303 · 3 = 9□9 | 120 · 4 = 4□0

3203 · 3 = 9□09 | 2102 · 4 = □408 | 4340 · 2 = 86□0 | 1313 · 3 = □□39

12032 · 3 = 3□□96 | 11021 · 4 = □408□ | 43024 · 2 = 86□□8

5 Finde die falschen Ziffern heraus!

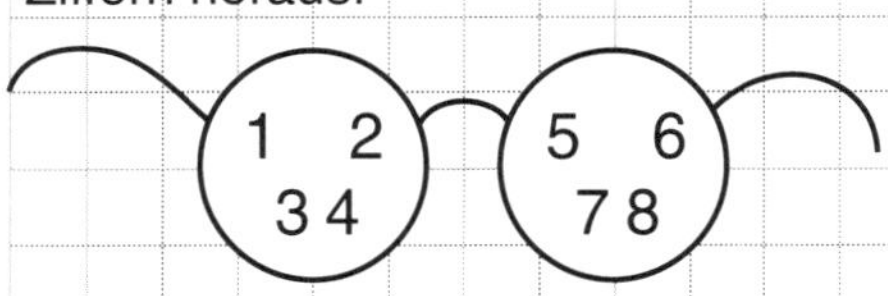

·	2	3
102310	104630	305630
312203	627402	946809

1

224 · 3   425 · 2   207 · 3   118 · 5

428 · 2   213 · 4   217 · 5   328 · 4

1234 · 3   22407 · 2   2215 · 4   12532 · 3

590, 621, 672, 850, 852, 856, 1085, 1312, 3702, 8860, 37596, 44814

2

624 · 6   534 · 5   423 · 7   753 · 4

393 · 4   289 · 6   432 · 9   743 · 8

1748 · 5   1536 · 4   21276 · 3   14387 · 2

1572, 1734, 2670, 2961, 3012, 3744, 3888, 5944, 6144, 8740, 28774, 63828

3

6748 · 3   2435 · 5   3476 · 7   4623 · 8

31568 · 4   27136 · 5   40329 · 7

12175, 20244, 24332, 36984, 126272, 135680, 282303

4

925 · 4   50625 · 8   2669 · 3

2858 · 7   58659 · 2   3368 · 6

3700, 8007, 20006, 20208, 117318, 405000

Schriftliches Multiplizieren (mit zweistelligen Zahlen)

1

85 · 17 =	
85 · 10 =	850
85 · 7 =	595
	1445

56 · 18 =
56 · 10 =
56 · 8 =

48 · 19 =
48 · 10 =
48 · 9 =

93 · 16 =

79 · 15 =

67 · 18 =

2

7	2	5	·	2	5	
	1	4	5	0		
		3	6	2	5	
		1				
	1	8	1	2	5	

Rechne und schreibe in der Kurzform.

853 · 22

346 · 46

632 · 35

516 · 37

712 · 63

437 · 54

3

643 · 27

652 · 43

821 · 81

534 · 28

562 · 47

734 · 38

918 · 31

14952, 15916, 17361, 18766, 19092, 22120, 23598, 26414, 27892, 28036, 28458, 44856, 66501

4

11661, 46739, 46956

507 · 23

903 · 52

607 · 77

1

8654 · 19

5248 · 23

2731 · 35

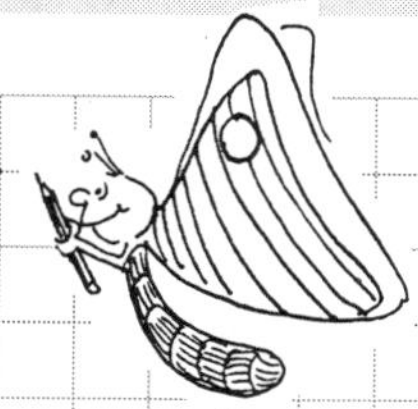

5943 · 13

3741 · 50

2571 · 12

30852, 77259, 95585, 120704, 164426, 187050

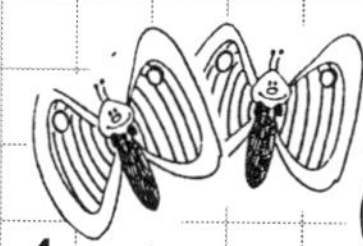

2

5312 · 26

9266 · 77

3734 · 14

7394 · 17

9025 · 16

2783 · 32

52276, 89056, 125698, 138112, 144400, 713482

3

8216 · 44

9562 · 16

2549 · 19

3547 · 65

7142 · 76

8725 · 42

48431, 152992, 230555, 361504, 366450, 542792

4

5374 · 69

2684 · 13

3727 · 44

2957 · 25

34892, 73925, 163988, 370806

Schriftliches Malnehmen (mit mehrstelligen Zahlen)

1

123 · 420	
	49200
	2460
	1
	51660

147 · 270

462 · 420

39690,
79900,
148460,
194040,
334360

235 · 340

571 · 260

643 · 520

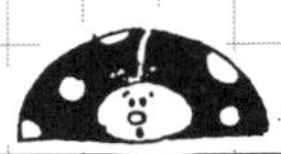

2

678 · 432	
	271200
	20340
	1356
	292896

235 · 627

623 · 345

443 · 312

513 · 763

362 · 426

827 · 235

634 · 452

552 · 173

95496, 138216, 147345, 154212, 194345, 214935, 286568, 391419

3

327 · 523	
	1635
	654
	981
	121
	171021

373 · 758

545 · 823

708 · 746

282734, 448535, 528168

1 Ergänze die fehlenden Ziffern.

```
523 · 454        496 · 583        627 · 73□
 2□9□             □480             438□
   2□15             3□68             18□1
     2092             14□8             3135
 237442           289168           460845
```

Die Summe der fehlenden Ziffern beträgt 49.

2 Rechne im Heft und trage die Ergebnisse in die Tabelle ein.

·	437	654	392	543	609
275					
508					
734					
Summe der Ergebnisse	662929	992118	594664	823731	923853

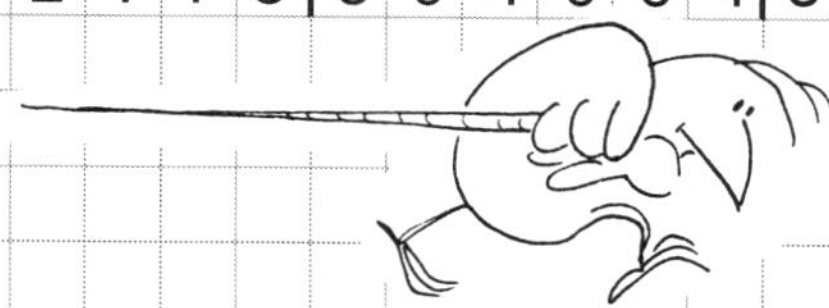

3 Achte auf die verflixte Null!

203 · 507   450 · 408   855 · 402

102921, 183600, 343710

4 gelb: Quersumme 5, orange: Quersumme 6, rot: Quersumme 8

Left figure:
- 65 · 214
- 814 · 852
- 362 · 256
- 358 · 680
- 76 · 215
- 752 · 543
- 61 · 245
- 725 · 250
- 49 · 521
- 314 · 723
- 283 · 587
- 734 · 826
- 466 · 456
- 157 · 924
- 555 · 310
- 53 · 346
- 85 · 341
- 955 · 368

Right figure:
- 667 · 140
- 345 · 110
- 544 · 170
- 56 · 120
- 74 · 130
- 823 · 740
- 291 · 170
- 755 · 130
- 424 · 530

❶ 4213 · 2 2301 · 3 2021 · 4 2430 · 2

❷ 348 · 2 253 · 3 209 · 8 172 · 7

❸ 1735 · 4 2051 · 7 1465 · 8 2359 · 9

❹ 23468 · 4 39751 · 2 17637 · 5

❺ 758 · 18 607 · 14 567 · 17 435 · 19

Schreibe richtig untereinander. Achte auf den Stellenwert!

❻ 4238 · 26 3508 · 57 5718 · 48

❼ 213 · 453 751 · 372 436 · 294

Achte genau auf den Stellenwert!

❽ 45 · 378 457 · 294 504 · 732 647 · 456

1

20 : 2 = ____	50 : 5 = ____	100 : 10 = ____
16 : 2 = ____	20 : 5 = ____	60 : 10 = ____
8 : 2 = ____	35 : 5 = ____	40 : 10 = ____
12 : 2 = ____	15 : 5 = ____	90 : 10 = ____
4 : 2 = ____	45 : 5 = ____	20 : 10 = ____
18 : 2 = ____	10 : 5 = ____	50 : 10 = ____
6 : 2 = ____	30 : 5 = ____	10 : 10 = ____
10 : 2 = ____	5 : 5 = ____	80 : 10 = ____
2 : 2 = ____	40 : 5 = ____	30 : 10 = ____
14 : 2 = ____	25 : 5 = ____	70 : 10 = ____

2

21 : 2 = ___ R ___	52 : 5 = ___ R ___	97 : 10 = ___ R ___
11 : 2 = ___ R ___	36 : 5 = ___ R ___	68 : 10 = ___ R ___
15 : 2 = ___ R ___	27 : 5 = ___ R ___	59 : 10 = ___ R ___
9 : 2 = ___ R ___	48 : 5 = ___ R ___	44 : 10 = ___ R ___
5 : 2 = ___ R ___	33 : 5 = ___ R ___	88 : 10 = ___ R ___
13 : 2 = ___ R ___	19 : 5 = ___ R ___	62 : 10 = ___ R ___
7 : 2 = ___ R ___	41 : 5 = ___ R ___	27 : 10 = ___ R ___
19 : 2 = ___ R ___	29 : 5 = ___ R ___	55 : 10 = ___ R ___
3 : 2 = ___ R ___	14 : 5 = ___ R ___	85 : 10 = ___ R ___
17 : 2 = ___ R ___	39 : 5 = ___ R ___	73 : 10 = ___ R ___

3

____ : 2 = 9	____ : 2 = 6 R 1
____ : 5 = 6 R 1	____ : 5 = 2 R 4
____ : 5 = 7 R 2	____ : 10 = 5 R 8
____ : 2 = 7 R 1	____ : 2 = 11 R 1
____ : 10 = 8 R 7	____ : 5 = 10 R 4
____ : 2 = 5 R 1	____ : 2 = 7
____ : 10 = 6 R 3	____ : 10 = 3 R 9
____ : 5 = 5	____ : 5 = 4 R 2
____ : 5 = 8 R 3	____ : 10 = 7
____ : 2 = 8 R 1	____ : 2 = 4 R 1

Kontrollzahlen

Male die Felder farbig

	14			87	
18	43	37	11	17	25
	31			15	
	13			63	
9	58	14	54	23	39
	22			70	

4

15 : 5 = 3
1500 : 5 = 300
150 : 5 = 30
15000 : 5 = 3000
Summe (3333)

14 : 2 = ____
1400 : 2 = ____
140 : 2 = ____
14000 : 2 = ____

40000 : 5 = ____
400 : 5 = ____
40 : 5 = ____
4000 : 5 = ____

18 : 2 = ____
18000 : 2 = ____
1800 : 2 = ____
180 : 2 = ____

35000 : 5 = ____
35 : 5 = ____
3500 : 5 = ____
350 : 5 = ____

1600 : 2 = ____
16000 : 2 = ____
16 : 2 = ____
160 : 2 = ____

1

40 : 4 = ____
28 : 4 = ____
20 : 4 = ____
8 : 4 = ____
36 : 4 = ____
16 : 4 = ____
4 : 4 = ____
32 : 4 = ____
12 : 4 = ____
24 : 4 = ____

80 : 8 = ____
48 : 8 = ____
32 : 8 = ____
16 : 8 = ____
72 : 8 = ____
40 : 8 = ____
24 : 8 = ____
64 : 8 = ____
8 : 8 = ____
56 : 8 = ____

____ : 5 = 5
____ : 8 = 6
____ : 2 = 7
____ : 4 = 8
____ : 8 = 7
____ : 5 = 9
____ : 2 = 8
____ : 4 = 7
____ : 8 = 4
____ : 5 = 7

2

140 : 2 = ____
80 : 4 = ____
150 : 5 = ____
160 : 8 = ____
350 : 5 = ____
160 : 4 = ____
280 : 4 = ____
400 : 8 = ____
560 : 8 = ____
160 : 2 = ____

800 : 8 = ____
600 : 2 = ____
720 : 8 = ____
320 : 4 = ____
800 : 4 = ____
180 : 2 = ____
120 : 4 = ____
250 : 5 = ____
500 : 5 = ____
640 : 8 = ____

			50		
	70	70	100	80	
20	200	50	90	80	
	30	90	80	100	30
	70	300	70	20	
		40			

3

:2	
62	
	12
36	
	15
50	
	20

:3	
33	
	13
60	
	15
66	
	30

:4	
48	
	14
84	
	20
60	
	23

:5	
55	
	12
70	
	16
85	
	20

:8	
72	
	11
96	
	15
160	
	19

4

33 : 4 = ___ R ___
39 : 4 = ___ R ___
18 : 4 = ___ R ___
22 : 4 = ___ R ___
15 : 4 = ___ R ___

22 : 5 = ___ R ___
46 : 5 = ___ R ___
18 : 5 = ___ R ___
38 : 5 = ___ R ___
49 : 5 = ___ R ___

17 : 8 = ___ R ___
43 : 8 = ___ R ___
34 : 8 = ___ R ___
69 : 8 = ___ R ___
79 : 8 = ___ R ___

14 : 3 = ___ R ___
18 : 3 = ___ R ___
20 : 3 = ___ R ___
26 : 3 = ___ R ___
13 : 3 = ___ R ___

8 R 1	4 R 2	2 R 1	4 R 2	9 R 3	3 R 3	6 R 0	7 R 3	4 R 2	9 R 4
9 R 1	3 R 3	4 R 2	8 R 5	5 R 3	9 R 7	6 R 2	8 R 2	4 R 1	5 R 2

START 10 → ·3 → ☐ → ·5 → ☐ → –60 → ☐ → :9 → ☐ → ·4 → ☐ → :8 → ☐ → ·7 → ☐ → +5 → ☐ → :5 → ☐ → ·8 → ☐ → :2 → ☐ → :4 → ☐ → ·7 → ☐ → +14 → ☐ → :2 → ☐ → :5 → ☐ → ·7 → ☐ → –9 → ☐ → :8 → ☐ → ·20 → ☐ → :10 → ☐

1
12 : 6 = ____
24 : 6 = ____
18 : 6 = ____
36 : 6 = ____
30 : 6 = ____
42 : 6 = ____
54 : 6 = ____
48 : 6 = ____
60 : 6 = ____
600 : 6 = ____

2
21 : 7 = ____
42 : 7 = ____
14 : 7 = ____
56 : 7 = ____
49 : 7 = ____
28 : 7 = ____
63 : 7 = ____
35 : 7 = ____
70 : 7 = ____
700 : 7 = ____

3
45 : 9 = ____
18 : 9 = ____
54 : 9 = ____
72 : 9 = ____
27 : 9 = ____
63 : 9 = ____
81 : 9 = ____
36 : 9 = ____
90 : 9 = ____
900 : 9 = ____

4
120 : 6 = ☐
☐ : 7 = 80
360 : 9 = ☐
280 : ☐ = 40
560 : 8 = ☐
☐ : 7 = 70

5 Schreibe alle Teiler der Zahlen auf.
12 ____________________
36 ____________________
54 ____________________
80 ____________________

6
____ : 6 = 20
____ : 6 = 70
____ : 6 = 60
____ : 6 = 40
____ : 6 = 80
____ : 7 = 20
____ : 7 = 30
____ : 7 = 50
____ : 7 = 90
____ : 7 = 40

7
15 : 7 = __ R __
49 : 7 = __ R __
50 : 6 = __ R __
29 : 9 = __ R __
21 : 6 = __ R __
38 : 7 = __ R __
22 : 6 = __ R __
25 : 7 = __ R __
40 : 7 = __ R __
41 : 9 = __ R __

8
36 : ____ = 6
63 : ____ = 9
42 : ____ = 6
63 : ____ = 7
56 : ____ = 8
48 : ____ = 8
81 : ____ = 9
24 : ____ = 4
21 : ____ = 3
54 : ____ = 9

1 Male für jede Ergebniszahl ein Feld grün aus.

120 : 6 = ____
1800 : 6 = ____
900 : 9 = ____
300 : 6 = ____
210 : 7 = ____
270 : 9 = ____
4500 : 9 = ____
180 : 6 = ____
1400 : 7 = ____
4800 : 6 = ____
540 : 6 = ____
420 : 7 = ____
909 : 9 = ____
360 : 6 = ____
303 : 3 = ____
420 : 6 = ____
8100 : 9 = ____
606 : 6 = ____
147 : 7 = ____
287 : 7 = ____
630 : 7 = ____
72 : 9 = ____
490 : 7 = ____
630 : 9 = ____
560 : 7 = ____
7000 : 7 = ____
369 : 9 = ____
7700 : 7 = ____
729 : 9 = ____
7007 : 7 = ____
918 : 9 = ____
819 : 9 = ____
364 : 7 = ____
246 : 6 = ____

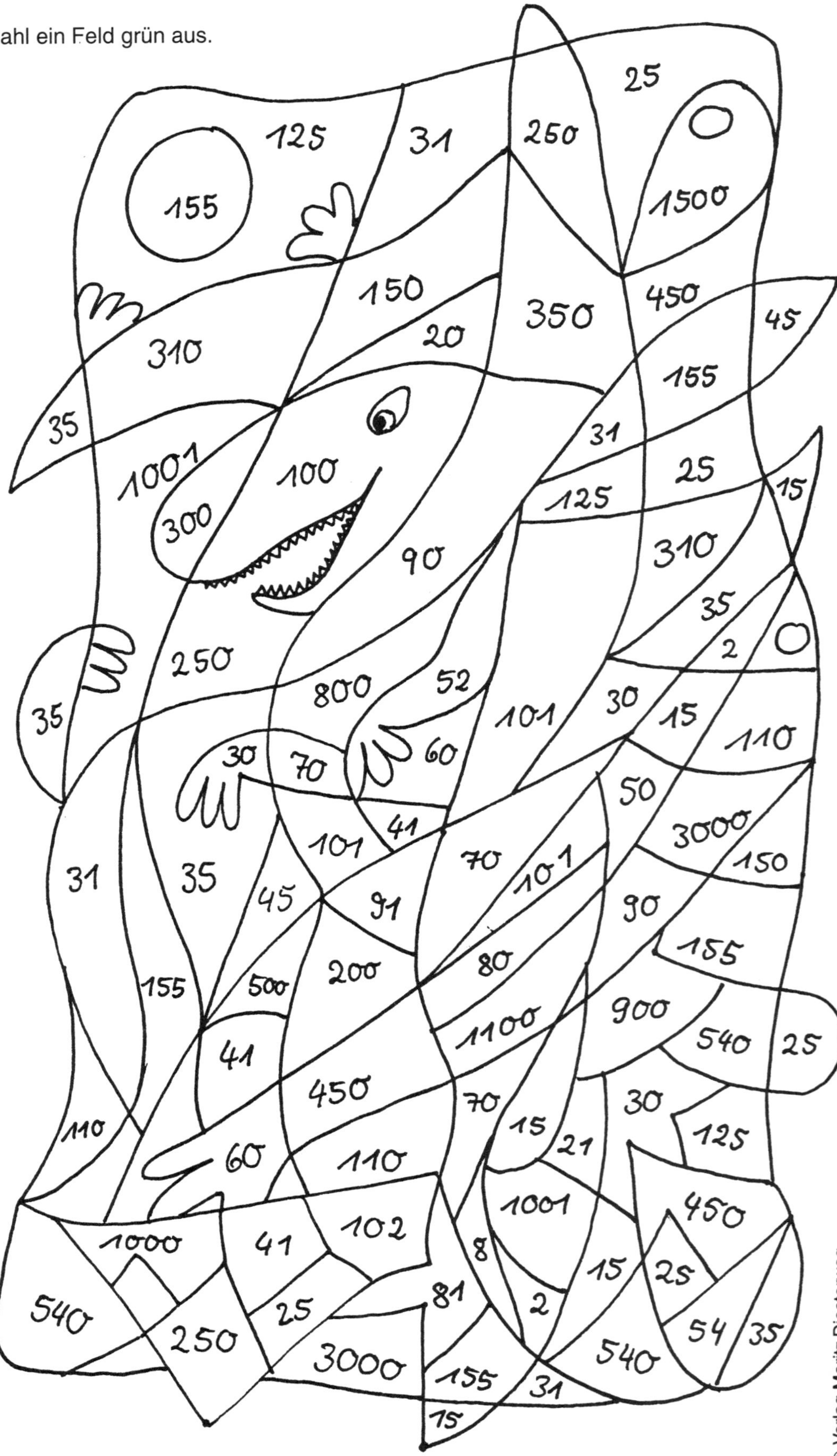

1

100 : 10 = ____
1 500 : 100 = ____
160 : 10 = ____
4 800 : 10 = ____
4 000 : 100 = ____
350 : 10 = ____
5 300 : 100 = ____
20 000 : 100 = ____
10 000 : 1000 = ____
21 000 : 100 = ____

2

2 400 : 100 = ____
300 : 10 = ____
1 000 : 1000 = ____
2 700 : 100 = ____
540 : 10 = ____
1 800 : 100 = ____
2 000 : 1 = ____
3 200 : 10 = ____
4 900 : 100 = ____
60 000 : 1000 = ____

3

36 000 : 1000 = ____
6 000 : 100 = ____
56 000 : 10 = ____
6 300 : 100 = ____
40 000 : 10 = ____
100 000 : 100 = ____
8 000 : 1000 = ____
810 : 10 = ____
2 500 : 100 = ____
1 000 000 : 1000 = ____

4 :10

510	
	200
1 000	
	517
8 320	
	609
17 000	
	10 000

5 :100

	3
2 600	
	17
1 000	
	100
59 300	
	1
100 000	

6 :1000

1 000	
	10
85 000	
	240
147 000	
	9
25 000	
1 000 000	

7

6 400 : ____ = 64
10 000 : ____ = 100
870 : ____ = 870
54 000 : ____ = 54
900 : ____ = 9
2 700 : ____ = 270
120 000 : ____ = 120
99 900 : ____ = 999
3 700 : ____ = 370
82 000 : ____ = 82

8

____ : 10 = 3
____ : 100 = 19
____ : 1000 = 5
____ : 10 = 51
____ : 100 = 24
____ : 1000 = 67
____ : 100 = 20
____ : 10 = 900
____ : 1000 = 100
____ : 100 = 6

9

:	10	1000	100
1 000			
27 000			
10 000			
99 000			

10

35 → ·10 → ____ → ·100 → ____ → :10 → ____ → :10 → ____

____ → :100 → ____ → ·100 → ____ → :10 → ____ → :10 → 5

____ → :10 → 47 → ·1000 → ____ → :100 → ____ → :10 → ____

____ → ·100 → ____ → ·10 → 370 000 → :100 → ____ → :10 → ____

Dividieren durch Zehner- und Hunderterzahlen

1

:	10	200	40	30	100
3600					
24000					
120000					

2

:	40	60	80	100	400	600
2400						
48000						
7200						

3

:30

150	
	70
1200	
	3
18000	
	1000

:60

1200	
	400
30000	
	70
5400	
	10

:70

	20
490	
	500
21000	
	8
6300	

:80

	80
16000	
	5
640	
	1
56000	

4

200 : 20 = ____
2 100 : 30 = ____
1 200 : 40 = ____
70 : 70 = ____
350 : 50 = ____
2 400 : 60 = ____
480 : 80 = ____
5 400 : 60 = ____
270 : 90 = ____
3 200 : 40 = ____

5

1 800 : 30 = ____
8 100 : 90 = ____
270 : 30 = ____
5 600 : 80 = ____
4 000 : 40 = ____
2 800 : 70 = ____
160 : 40 = ____
630 : 90 = ____
3 600 : 60 = ____
3 200 : 80 = ____

6

560 : 70 = ____
1 400 : 20 = ____
5 400 : 90 = ____
420 : 60 = ____
4 200 : 70 = ____
640 : 80 = ____
2 800 : 40 = ____
810 : 90 = ____
5 600 : 70 = ____
4 500 : 50 = ____

7 Verbinde oder färbe ein.

18000 : 90
12000 : 400
28000 : 70
40000 : 100
500 : 10
4500 : 90
63000 : 900
10000 : 50
1600 : 8
2100 : 70
180 : 6
30000 : 600
200000 : 500
4200 : 60
16000 : 40
400000 : 8000
1400 : 7
2700 : 90
5600 : 80
70000 : 1000

200	30	400	50	70
rot	gelb	orange	grün	blau

1

64 : 8 = ___
56 : 7 = ___
81 : 9 = ___
48 : 6 = ___
63 : 7 = ___
28 : 4 = ___
18 : 3 = ___
56 : 7 = ___
36 : 6 = ___
45 : 9 = ___

2

___ : 6 = 9
___ : 4 = 8
___ : 5 = 7
___ : 8 = 7
___ : 6 = 7
___ : 9 = 8
___ : 7 = 8
___ : 3 = 9
___ : 8 = 8
___ : 4 = 6

3

18 : ___ = 6
64 : ___ = 8
16 : ___ = 4
54 : ___ = 6
42 : ___ = 7
56 : ___ = 7
24 : ___ = 8
49 : ___ = 7
35 : ___ = 5
25 : ___ = 5

4

60 : 7 = ___ R ___
27 : 5 = ___ R ___
40 : 6 = ___ R ___
65 : 8 = ___ R ___
23 : 7 = ___ R ___
18 : 4 = ___ R ___
85 : 9 = ___ R ___
15 : 6 = ___ R ___
57 : 8 = ___ R ___
41 : 7 = ___ R ___

5

___ : 6 = 5 R 4
___ : 4 = 7 R 3
___ : 5 = 5 R 2
___ : 8 = 7 R 3
___ : 7 = 4 R 6
___ : 9 = 9 R 8
___ : 6 = 7 R 2
___ : 8 = 6 R 5
___ : 5 = 8 R 1
___ : 7 = 7 R 2

6

75 : ___ = 9 R 3
67 : ___ = 8 R 3
50 : ___ = 8 R 2
29 : ___ = 9 R 2
42 : ___ = 8 R 2
71 : ___ = 7 R 8
43 : ___ = 8 R 3
35 : ___ = 5 R 5
30 : ___ = 7 R 2
61 : ___ = 8 R 5

7

150 : 3 = ___
640 : 8 = ___
490 : 7 = ___
560 : 8 = ___
420 : 6 = ___
450 : 9 = ___
360 : 4 = ___
540 : 6 = ___
720 : 8 = ___
420 : 7 = ___

8

1800 : 30 = ___
4200 : 60 = ___
3200 : 40 = ___
5600 : 80 = ___
2400 : 30 = ___
4500 : 90 = ___
5600 : 70 = ___
2800 : 40 = ___
4800 : 80 = ___
6300 : 70 = ___

9

___ : 20 = 10 R 5
___ : 60 = 70 R 10
___ : 30 = 40 R 7
___ : 50 = 60 R 8
___ : 40 = 80 R 2
___ : 90 = 30 R 7
___ : 60 = 90 R 5
___ : 40 = 10 R 1
___ : 70 = 20 R 9
___ : 80 = 50 R 20

10

: 200	
24000	
	500
180000	
	80

: 500	
45000	
	700
20000	
	90

: 700	
28000	
	70
6300	
	100

Schriftliches Dividieren durch einstellige Zahlen

1

78 : 6 = 13
6
18
18
 0

175 : 7 = ____

256 : 8 = ____

318 : 6 = ____

372 : 4 = ____

624 : 8 = ____

2

1692 : 4 = 423
16
 09
  8
  12
  12
   0

1225 : 5 = ____

2082 : 6 = ____

3668 : 7 = ____

5056 : 8 = ____

6327 : 9 = ____

3

2538 : 6 = ____

4704 : 7 = ____

2550 : 6 = ____

3056 : 8 = ____

4626 : 9 = ____

4200 : 5 = ____

25 32 53 78 93 245 347 382 423 425 514 524 632 672 703 840

1. 18760 : 8 = ______

2. 31104 : 9 = ______

3. 31969 : 7 = ______

4. 34068 : 6 = ______

5. 33945 : 5 = ______

6. 31560 : 4 = ______

2345, 3456
4567, 5678
6789, 7890

7. 214935 : 7 = ______

8. 327256 : 8 = ______

3 0 7 0 5
4 0 9 0 7

❶ 265854 : 6 =

❷ 491036 : 7 =

❸ 270480 : 5 =

❹ 334016 : 4 =

❺ 525632 : 8 =

❻ 272019 : 3 =

❼ 239256 : 6 =

❽ 532364 : 7 =

1. 115 : 4 = ☐ R ☐

2. 237 : 5 = ☐ R ☐

3. 278 : 7 = ☐ R ☐

4. 540 : 8 = ☐ R ☐

5. 1660 : 7 = ☐ R ☐

6. 3670 : 8 = ☐ R ☐

7. 6720 : 9 = ☐ R ☐

8. 3055 : 6 = ☐ R ☐

9. 4470 : 7 = ☐ R ☐

10. 5060 : 6 = ☐ R ☐

11. 37875 : 8 = ☐ R ☐

12. 57830 : 9 = ☐ R ☐

28 R 3, 39 R 5
47 R 2, 67 R 4,
237 R 1, 458 R 6
509 R 1, 638 R 4
746 R 6, 843 R 2
4734 R 3, 6425 R 5

Schriftliches Dividieren durch einstellige Zahlen mit Rest

❶ 40065 : 7 = ☐ R ☐

❷ 50620 : 6 = ☐ R ☐

❸ 59630 : 8 = ☐ R ☐

❹ 29510 : 9 = ☐ R ☐

3278 R 8, 5723 R 4
7453 R 6, 8436 R 4

❺ 32205 : 8 = ☐ R ☐

❻ 51866 : 7 = ☐ R ☐

❼ 34154 : 5 = ☐ R ☐

❽ 45050 : 9 = ☐ R ☐

4025 R 5
5005 R 5
6830 R 4
7409 R 3

1
1 · 11 = ____
5 · 11 = ____
8 · 11 = ____
3 · 11 = ____
9 · 11 = ____
7 · 11 = ____
2 · 11 = ____
4 · 11 = ____
10 · 11 = ____
6 · 11 = ____

2
5 · 12 = ____
3 · 12 = ____
1 · 12 = ____
6 · 12 = ____
2 · 12 = ____
10 · 12 = ____
4 · 12 = ____
7 · 12 = ____
8 · 12 = ____
9 · 12 = ____

3
1 · 13 = ____
2 · 13 = ____
3 · 13 = ____
4 · 13 = ____
5 · 13 = ____
6 · 13 = ____
7 · 13 = ____
8 · 13 = ____
9 · 13 = ____
10 · 13 = ____

4

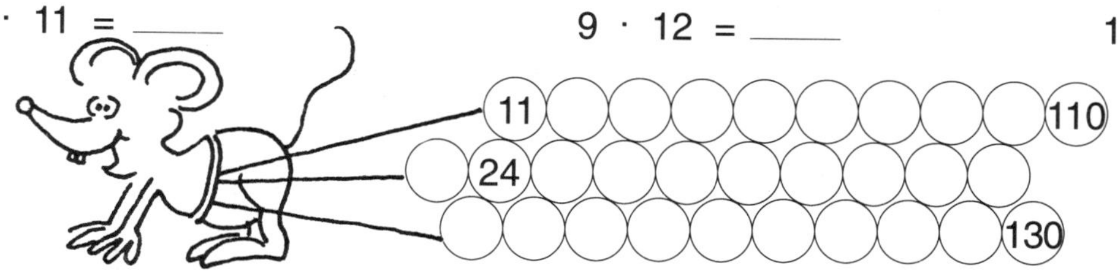

5
24 : 12 = ____
52 : 13 = ____
72 : 12 = ____
104 : 13 = ____
108 : 12 = ____
26 : 13 = ____
78 : 13 = ____
120 : 12 = ____
48 : 12 = ____
0 : 13 = ____

6
13 : 13 = ____
36 : 12 = ____
91 : 13 = ____
60 : 12 = ____
117 : 13 = ____
84 : 12 = ____
130 : 13 = ____
65 : 13 = ____
96 : 12 = ____
39 : 13 = ____

7
40 : 12 = __ R __
68 : 13 = __ R __
100 : 12 = __ R __
120 : 13 = __ R __
50 : 12 = __ R __
66 : 13 = __ R __
38 : 12 = __ R __
49 : 13 = __ R __
70 : 12 = __ R __
99 : 13 = __ R __

8
165 : 11 = 15
11
 55
 55
  0

156 : 12 = ____

208 : 13 = ____

9
198 : 11 = ____

204 : 12 = ____

247 : 13 = ____

10
396 : 11 = ____

780 : 12 = ____

624 : 13 = ____

Kontrollzahlen: 13, 15, 16, 17, 18, 19, 36, 48, 65

Dividieren durch die Zahlen 14, 15 und 16

1

1 · 14 = ____
4 · 14 = ____
7 · 14 = ____
2 · 14 = ____
8 · 14 = ____
5 · 14 = ____
3 · 14 = ____
9 · 14 = ____
6 · 14 = ____
10 · 14 = ____

2

10 · 15 = ____
1 · 15 = ____
2 · 15 = ____
4 · 15 = ____
3 · 15 = ____
6 · 15 = ____
9 · 15 = ____
8 · 15 = ____
7 · 15 = ____
5 · 15 = ____

3

1 · 16 = ____
2 · 16 = ____
4 · 16 = ____
8 · 16 = ____
10 · 16 = ____
9 · 16 = ____
3 · 16 = ____
6 · 16 = ____
7 · 16 = ____
5 · 16 = ____

4

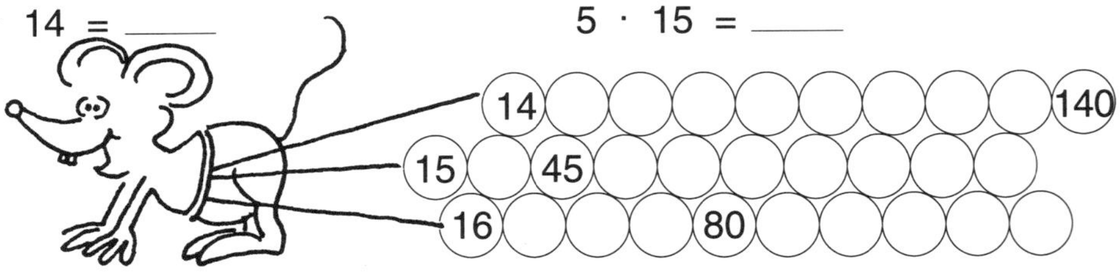

5

28 : 14 = ____
60 : 15 = ____
96 : 16 = ____
105 : 15 = ____
98 : 14 = ____
126 : 14 = ____
135 : 15 = ____
144 : 16 = ____
64 : 16 = ____
84 : 14 = ____

6

56 : 14 = ____
90 : 15 = ____
128 : 16 = ____
75 : 15 = ____
80 : 16 = ____
112 : 14 = ____
120 : 15 = ____
112 : 16 = ____
48 : 16 = ____
150 : 15 = ____

7

30 : 14 = ___ R ___
80 : 15 = ___ R ___
100 : 16 = ___ R ___
138 : 15 = ___ R ___
65 : 16 = ___ R ___
100 : 14 = ___ R ___
99 : 15 = ___ R ___
50 : 16 = ___ R ___
130 : 14 = ___ R ___
140 : 15 = ___ R ___

8

224 : 14 = ____   448 : 14 = ____   952 : 14 = ____

9

270 : 15 = ____   645 : 15 = ____   1125 : 15 = ____

10

240 : 16 = ____   912 : 16 = ____   1328 : 16 = ____

Kontrollzahlen: 15, 16, 18, 32, 43, 57, 68, 75, 83

Dividieren durch die Zahlen 17, 18 und 19

1

1 · 17 = ____
4 · 17 = ____
7 · 17 = ____
2 · 17 = ____
8 · 17 = ____
5 · 17 = ____
3 · 17 = ____
9 · 17 = ____
6 · 17 = ____
10 · 17 = ____

2

10 · 18 = ____
9 · 18 = ____
8 · 18 = ____
7 · 18 = ____
6 · 18 = ____
5 · 18 = ____
4 · 18 = ____
3 · 18 = ____
2 · 18 = ____
1 · 18 = ____

3

1 · 19 = ____
10 · 19 = ____
2 · 19 = ____
4 · 19 = ____
8 · 19 = ____
3 · 19 = ____
6 · 19 = ____
7 · 19 = ____
5 · 19 = ____
9 · 19 = ____

4

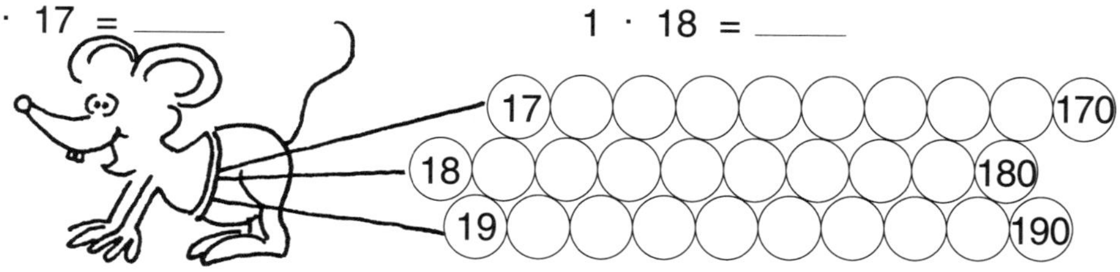

5

34 : 17 = ____
108 : 18 = ____
162 : 18 = ____
76 : 19 = ____
136 . 17 = ____
133 : 19 = ____
90 : 18 = ____
51 : 17 = ____
119 : 17 = ____
171 : 19 = ____

6

36 : 18 = ____
57 : 19 = ____
85 : 17 = ____
153 : 17 = ____
144 : 18 = ____
72 : 18 = ____
152 : 19 = ____
95 : 19 = ____
54 : 18 = ____
102 : 17 = ____

7

70 : 17 = __ R __
130 : 18 = __ R __
100 : 19 = __ R __
177 : 19 = __ R __
101 : 18 = __ R __
20 : 18 = __ R __
16 : 17 = __ R __
105 : 17 = __ R __
110 : 18 = __ R __
200 : 19 = __ R __

8

391 : 17 = ____ 306 : 18 = ____ 475 : 19 = ____

9

918 : 17 = ____ 666 : 18 = ____ 931 : 19 = ____

10

1207 : 17 = ____ 1224 : 18 = ____ 1634 : 19 = ____

Kontrollzahlen: 17, 23, 25, 37, 49, 54, 68, 71, 86

Wiederholungstest 6

1 $192 : 6 =$ ____ $360 : 8 =$ ____ $603 : 9 =$ ____

Die Ergebnisse sind zweistellige Zahlen.

2 $528 : 4 =$ ____ $1155 : 5 =$ ____ $2247 : 7 =$ ____

Die Ergebnisse haben gleiche Ziffern.

3 $14790 : 6 =$ ____ $28608 : 8 =$ ____

Auch diese Ergebniszahlen sind einander ähnlich.

4 $323 : 3 =$ ____ R __ $3790 : 7 =$ ____ R __

$1881 : 5 =$ ____ R __ $2124 : 8 =$ ____ R __